Lb. 1592.

DE L'INCOMPATIBILITÉ

DE LA NOBLESSE

ET DE

LA PAIRIE HÉRÉDITAIRE.

DE L'INCOMPATIBILITÉ

DE LA NOBLESSE

ET DE

LA PAIRIE HÉRÉDITAIRE,

POUR SERVIR

A APPRÉCIER LES CHANGEMENS PROPOSÉS A LA LOI
ACTUELLE DES ÉLECTIONS.

PAR UN ANCIEN DÉPUTÉ.

> « C'est sans doute les grands hommes
> » Qui font la force des empires. »
>
> (Bossuet, *Hist. univ.*)

PARIS.

BAUDOUIN FILS, IMPRIMEUR-LIBRAIRE,
RUE DE VAUGIRARD, N° 36.

CORRÉARD, LIBRAIRE, AU PALAIS-ROYAL.

1820.

AVANT-PROPOS.

Lorsqu'en 1815, la Chambre des Représentans s'occupa de remplacer, par une nouvelle Constitution, l'*Acte additionnel* et les *Constitutions de l'empire*, elle agita l'importante question de l'*hérédité de la pairie*. L'Acte additionnel l'avait résolue affirmativement, et c'était un grand préjugé contre elle ! Mais la faiblesse et quelquefois peut-être la coupable complaisance du *Sénat*, dont tous les membres n'avaient été *nommés qu'à vie*, ne donnaient pas une haute idée de ce que pourrait être une Chambre des pairs, composée d'après les mêmes principes !

L'exemple de l'Angleterre était une autorité imposante en faveur de la pairie héréditaire ; mais la faculté réservée au Roi, par la Charte, de nommer, à volonté, des pairs héréditaires ou des pairs à vie ; et les nominations, *toutes à vie seulement*, faites en 1814, ôtaient beaucoup de poids à cette autorité.

C'était donc une question à peu près neuve à traiter.

Les circonstances ne permirent pas de la discuter, avec tout le calme et toute la profondeur qu'elle eût exigés ; et l'hérédité de la pairie fut adoptée par la Chambre des Représentans, à une faible majorité.

Aujourd'hui que l'attention est fixée sur les changemens proposés à la Loi actuelle des Élections, l'on a pensé qu'il pouvait être d'une grande utilité de l'appeler, en même temps, sur l'organisation actuelle et sur la meilleure composition *constitutionnelle* à donner dans la suite à la pairie.

On sera plus frappé encore, des graves inconvéniens qu'il y aurait à adopter ces changemens, lorsqu'on sera bien convaincu, que ce serait considérablement augmenter les dangers de notre situation, que de donner, à l'*aristocratie nobiliaire*, une nouvelle influence dans la Chambre des députés, lorsque déjà elle exerce un empire absolu dans celle des pairs, entièrement composée, en ce moment, de *nobles héréditaires*.

Que deviendrait la liberté, si, par le moyen d'une nouvelle loi électorale, *la noblesse* parvenait encore à dominer dans celle des députés?

N'y aurait-il pas à craindre, alors, une nouvelle révolution?

OBSERVATIONS PRÉLIMINAIRES

NOUVEAU PROJET DE LOI

DES ÉLECTIONS.

Au moment où cet ouvrage allait être livré au public, le ministère, en retirant son premier Projet de loi sur les Élections, en a présenté un autre, qui, en faisant disparaître plusieurs dispositions de ce premier Projet, en a conservé d'autres qui ne paraissent pas moins inadmissibles.

Sous prétexte de faire représenter *la grande propriété*, ce nouveau Projet divise les électeurs en *deux classes*, dont la plus riche doit se réunir aux chefs-lieux des départemens, pour y *nommer les députés* sur des listes de candidats choisis par les divers colléges d'arrondissemens.

Sans entrer dans la question de savoir, si ce ne sont pas les *citoyens*, et non les *propriétés*, qui doivent être *représentés*, admettons que ce soient les propriétés : les *petites et les grandes* n'ont-elles pas aujourd'hui les mêmes intérêts ? La Charte ne prononce-t-elle pas impérativement, que *tous les Français contribuent indistinctement, dans la proportion de leur fortune, aux charges de l'État ?* Leurs intérêts sont donc *identiquement les mêmes*.

Or, personne ne conteste que les petits propriétaires qui vivent sur leurs propriétés et les font valoir, qui y sont, pour ainsi dire, identifiés, n'y soient *beaucoup plus attachés* que la plupart des grands propriétaires, qui ne connaissent guères des leurs que les lieux qu'ils habitent; et qui, jouissant de plus grandes ressources, sont nécessairement moins sensibles aux altérations qu'ils pourraient éprouver dans leur fortune.

Ce n'est donc point les *grandes propriétés*, comme on affecte de le dire, qu'il s'agit réellement de faire représenter, mais bien *ceux à qui l'on sait qu'elles appartiennent* en plus grande partie, LES NOBLES ! Comme si la Charte leur reconnaissait encore des priviléges, et ne les soumettait pas *aux mêmes charges* et *aux mêmes devoirs* que tous les autres citoyens.

Les *nobles*, qui formaient autrefois la partie *aristocratique* de la nation; qui, sous ce rapport, pouvaient alors avoir des droits et des prérogatives, sont tous rentrés, par la Charte, dans la classe du peuple : *l'aristocratie constitutionnelle* est *toute entière* concentrée aujourd'hui dans la *Chambre des pairs*, qu'ils soient héréditaires ou non, nobles ou plébéiens; la transporter ailleurs, ce serait tout confondre, et, de fait, *annuler la Charte* !

Si la *grande propriété* doit être *particulièrement* représentée, c'est par *la Chambre des pairs seule* qu'elle peut l'être ; elle jouira alors d'une *représentation égale* à celle dont jouiront *toutes les autres propriétés du royaume*, dans la Chambre des députés, malgré que celles-ci soient reconnues être d'une valeur *cinq fois* plus grande !

La faire représenter encore, *d'une manière spéciale*, dans la Chambre des députés, comme le veut le projet ministériel, ne serait-ce pas créer une AUTRE *aristo-*

cratie, rétablir l'*ancienne aristocratie nobiliaire* à côté de celle de la Chambre des pairs, et réduire, à un vain simulacre, la *représentation nationale*, lorsque, déjà, aucun député ne peut être élu que parmi les *grands propriétaires* ? (1)

Qu'on en réserve donc au moins le choix à tous ceux à qui la Charte en a conféré le droit ; à *tous les électeurs* sans aucune impolitique et odieuse exception !

Les principaux motifs, développés par le ministère pour appuyer le double degré d'élections qu'il propose, sont, que la plupart des électeurs devant alors se réunir dans les chefs-lieux d'arrondissemens, ils seront plus disposés à en aller remplir les devoirs, que dans les chefs-lieux de départemens, qui se trouvent ordinairement plus éloignés d'eux ; et dont ils craignent surtout une *influence* telle qu'elle leur laisse peu d'espoir de contribuer personnellement à la nomination des députés ; ce qui, selon les ministres, doit nécessairement, *plus encore que l'éloignement*, ralentir leur zèle.

D'après le mode qu'ils proposent, le premier de ces inconvéniens est bien légèrement affaibli ; il existe toujours un *déplacement obligé*, déplacement beaucoup plus à charge que quelques lieues à faire de plus ou de

---

(1) Le ministère a dit, dans l'exposé des motifs du *nouveau projet de loi*, que les *petits contribuables qui composaient en majorité la masse totale des électeurs, étaient portés à exclure les grands propriétaires :* mais que faut-il donc entendre par *grands propriétaires*, si ce ne sont pas ceux qui, payant *mille francs* et au-dessus, *sont seuls éligibles ? Les petits contribuables ne peuvent choisir ailleurs ; ils ne les excluent donc pas !* Les ministres connaîtraient-ils d'autres *grands propriétaires* que ceux indiqués par la Charte ? Ou ne reconnaîtraient-ils comme *grands propriétaires*, que les NOBLES *propriétaires* ?

moins. Mais, si ce n'est que le *plus grand éloignement et l'influence* des chefs-lieux de départemens , qui déterminent les ministres à proposer de voter par *arrondissemens* ; pourquoi le *département de la Seine* , où il n'y a ni plus grand éloignement , ni plus grande influence à craindre , puisque les élections se feront toujours dans le même lieu , n'est-il pas excepté de cette mesure , comme quelques autres départemens ?

Quant au second inconvénient , *l'absence* d'une partie des électeurs, des colléges de départemens ; il deviendrait beaucoup plus grand encore dans le projet des ministres ; car , les électeurs d'arrondissemens étant instruits qu'ils ne pourraient pas même être assurés de contribuer à la nomination *d'un seul député* , en ne désignant que des *candidats* , puisqu'il est *probable* qu'aucun de ceux *d'un arrondissement donné* ne serait élu (1) ; ils seraient bien plus disposés encore à s'absenter des colléges d'arrondissemens , que de ceux des départemens ; ils savaient au moins que , malgré *l'influence supposée* des chefs-lieux, ils concouraient toutefois réellement à la nomination *de tous les députés* !

En donnant d'ailleurs à chaque arrondissement le droit de nommer *un même nombre de candidats* , les ministres conservent-ils bien à chacun d'eux *l'influence constitutionnelle* qu'il doit avoir sur les Élections , en raison de sa population ?

On est forcé de conclure de ces observations , que

---

(1) Chaque arrondissement nommant autant de candidats qu'il y a de députés à élire dans le département, il y aurait une chance de trois , quatre, cinq, etc. , *contre un*, suivant le nombre d'arrondissemens , *qu'aucun candidat d'un arrondissement déterminé*, ne serait élu.

les principales raisons alléguées par le ministère, pour demander *deux degrés d'élections*, n'ont pas même le mérite d'être spécieuses, et que dès-lors, elles doivent cacher un tout autre but que celui annoncé !

L'on ne peut croire que ce soit celui de se procurer des députés *de l'oligarchie*. Ce nouveau mode cependant paraît peu propre à en donner de *ministériels*, à moins toutefois que le ministère ne pensât pouvoir exercer lui-même, par ses agens, une influence presque absolue sur la *nomination des candidats* ! En proposant de ne les nommer qu'à la *majorité relative*, il est évident qu'un petit nombre *d'intrigans* qui s'entendraient, feraient, *à eux seuls*, toutes les nominations, en laissant les voix des électeurs de bonne foi, s'égarer et se perdre sans aucun résultat ! Serait-ce par ce moyen que le ministère espérerait se rendre maître des élections, en comptant aussi sur le *peu d'empressement* que mettraient les électeurs à contribuer à de semblables nominations de candidats ?

L'obligation que le ministère leur impose d'écrire leurs bulletins sur le bureau du président, ne serait pas très-propre à augmenter cet empressement ! Pourquoi cette *investigation*, qui nuirait si évidemment à la liberté des scrutins ? Investigation *outrageante pour les électeurs*, et qui ne le serait pas moins *pour les bureaux*, en ce que très-peu d'électeurs déguiseraient leurs soupçons et écriraient leurs bulletins en présence de leurs membres, sans prendre des précautions, pour leur en dérober le contenu ! De semblables moyens sont peu propres à captiver la confiance d'une nation pleine d'honneur et de délicatesse.

Le ministère propose encore d'exclure des rangs des

électeurs, tous ceux qui ne payeraient point, depuis une année au moins, les contributions qui leur confèrent ce droit : il en résulterait nécessairement des *entraves aux mutations de propriétés* ; celui qui en voudrait vendre dans un lieu quelconque pour en racheter d'autres plus à sa convenance, s'en trouverait souvent empêché s'il voulait conserver sa qualité d'électeur ou d'éligible, car il pourrait avoir vendu d'un côté et ne pas posséder encore de l'autre depuis une année ! Cependant il aurait payé, pour ses nouvelles acquisitions, ainsi que tous ceux qui, comme lui, ne posséderaient pas depuis un an, d'énormes *droits d'enregistrement*, ils auraient *contracté l'engagement* d'en solder, chaque année, les contributions ! Les dépouiller de leurs droits constitutionnels, serait le comble de l'inconséquence ; ce serait *violer la Charte*, qui veut que *celui qui paye* les contributions, et non celui qui les a payées *depuis tel ou tel temps*, soit électeur et éligible ; on pourrait autrement faire remonter ce temps jusqu'à une époque quelconque, plus ou moins éloignée ; à celle, par exemple, de la *première aliénation des biens nationaux*, et, par ce seul article, préparer l'exclusion des colléges électoraux de *tous les possesseurs de ces biens !*

Nous nous abstiendrons de parler du premier projet : il a été retiré ! Pourquoi le bon esprit qui a déterminé à cette mesure, ne s'est-il pas étendu sur le Projet entier, *sur toutes ses dispositions*, au lieu d'en laisser subsister encore quelques-unes, si évidemment inadmissibles, qu'elles pourraient paraître au-dessous même d'une critique sérieuse ?

DE L'INCOMPATIBILITÉ

DE LA NOBLESSE

ET DE

LA PAIRIE HÉRÉDITAIRE.

———◦◦◦———

La Charte constitutionnelle a créé en France une haute magistrature, LA PAIRIE: elle a réservé au Roi la faculté d'en nommer les membres *à vie*, ou de les rendre *héréditaires*, à sa volonté.

Elle a voulu aussi que l'*ancienne* NOBLESSE reprît ses titres, et que la *nouvelle* conservât les siens, sans toutefois prononcer sur son hérédité; mais comme elle a reconnu, plutôt que créé *la noblesse*, elle a, sans doute, entendu qu'elle serait héréditaire, puisqu'elle l'était autrefois.

Une semblable institution, à côté de la *pairie*, et le silence de la Charte, sur la qualité de *nobles* ou de *non-nobles*, à attribuer aux *pairs*, semblent établir qu'aucun *pair* ne jouit réellement de la *noblesse*, qu'autant qu'il aurait été choisi *parmi les nobles*, de manière que la *qualité de pair ne confère point la noblesse*; et qu'un *plébéien*, *s'il n'était anobli par le Roi*, resterait *plébéien*, *quoique pair!*

Nommé cependant *héréditairement*, il serait nécessairement, par cela même, investi *d'une espèce de noblesse particulière*, à laquelle devrait aussi participer, *personnellement*, le pair nommé seulement à vie.

La Charte établit donc réellement *deux espèces de noblesse* en France; l'une n'ayant que des *titres* sans aucuns droits ni priviléges, l'autre avec des droits et des prérogatives, *sans aucuns titres* (1).

Sous ce dernier rapport, *la noblesse de la pairie* serait inférieure à *celle titrée*, lorsque, sous d'autres, elle lui serait infiniment supérieure.

L'on peut donc se proposer cette question. Quelle est celle de *ces deux noblesses*, d'une nature si différente, qui doit prendre le premier rang? Car il est évident qu'il n'y a réellement aucune parité entre elles.

Pour résoudre cette question, il ne s'agit que de bien définir ce que l'on doit entendre par le mot *noblesse ;* ce qui n'est pas facile, ce mot, si souvent prononcé, étant presque toujours pris dans des acceptions différentes.

Appliqué aux qualités personnelles des individus, il présente ce qu'il y a de plus digne de l'estime et de la considération publique.

Appliqué, au contraire, à d'autres individus, comme titre de vanité, il peut présenter, par son contraste avec leurs qualités morales, tout ce qu'il y a de plus bas et de plus vil; car, quoi de plus vil et de plus abject que de tromper continuellement les hommes, par de fausses apparences ?

C'est le geai qui se revêt des plumes du paon, ou l'âne de la peau du lion !

L'on conçoit très-bien ce qu'a de grand, de véritablement estimable, la *noblesse personnelle*, parce qu'elle suppose le mérite de celui qui en est investi; mais il n'en est pas de

---

(1) Le Roi, par des dispositions particuliéres, a accordé des titres, et conséquemment *la noblesse*, à tous les pairs nommés jusqu'à présent; mais ces dispositions de bienveillance, pour la pairie, ne se trouvent point dans la Charte, et ce n'est que *sur la Charte* que nous raisonnons.

même de la *noblesse héréditaire*, qui ne peut que faire supposer ce qui le plus souvent n'existe pas.

Si donc *les pairs* n'étaient qu'à vie, il n'y aurait aucun doute, que leur *noblesse personnelle* ne dût être considérée comme *fort au-dessus de la noblesse héréditaire* : mais il peut aussi, d'après la Charte, y avoir des *pairs héréditaires*, qui, par le fait même de l'hérédité, pourraient ne pas avoir cette vertu et cette noblesse personnelles, qu'on leur aurait supposées, s'ils n'eussent été qu'à vie !

Cependant, comme les pairs *héréditaires* ont, ainsi que ceux à vie, *des droits et des prérogatives* que les nobles titrés n'ont pas, lorsqu'ils ne sont pas eux-mêmes pairs, il faut en conclure que la *noblesse des pairs*, même de ceux *héréditaires*, doit être, *dans l'opinion*, fort au-dessus de celle des *nobles simplement titrés.* Quant à la *noblesse des pairs à vie*, comme elle est purement *personnelle*, et qu'elle suppose nécessairement des *qualités éminentes*, de grands services rendus, une grande considération publique déjà attachée à la personne qui en est revêtue, nul doute qu'elle ne doive occuper le *premier rang :* viendra ensuite celle des *pairs héréditaires titrés ;* puis celle des *pairs héréditaires non-titrés ;* et enfin la *noblesse titrée*, sans aucuns autres droits, ni priviléges.

Si l'on eût donc déclaré en France, le *principe exclusif de l'hérédité de la pairie*, comme en Angleterre, on aurait nécessairement privé ce corps d'une partie de la considération qui doit lui être attachée ; et conséquemment de *son influence constitutionnelle* : aussi la Charte a-t-elle très-sagement déclaré que le Roi pouvait, à volonté, *faire des pairs à vie ou les rendre héréditaires*, en imitant, en cela, les lois salutaires qui donnent des tuteurs à l'inaptitude et à l'inexpérience.

Peut-être eût-il été plus convenable, plus utile aux intérêts de la nation et du trône, que cette haute magistrature n'eût été composée que de *pairs à vie*, sans mélange de pairs *héréditaires ;* mais la Charte a prononcé, et c'est notre ancre de salut : la sagesse du Roi nous assure qu'il saura user de sa prérogative, de la manière la plus utile aux intérêts de tous.

Cette théorie si simple, si naturelle, pourra révolter l'orgueil des *nobles héréditaires* de toutes les classes ; mais la Charte n'a point été faite pour caresser la vanité, mais pour assurer les droits, la liberté de tous, et la stabilité du trône !

Ce but ne peut être rempli qu'en investissant la pairie *d'une grande force, ou d'une grande considération morale,* qui lui en tienne lieu : voyons donc si, dans le régime *purement héréditaire* de la pairie, il serait possible qu'*en France* elle pût compter *sur l'une* ou *sur l'autre.*

En Angleterre, où la plupart des pairs jouissent d'une *immense fortune territoriale ;* où les grands se sont, dans le temps, *amalgamés au peuple* pour renverser le despotisme et fonder la liberté ; où il n'existe point *d'autre noblesse légale* que celle des pairs, l'on conçoit comment la pairie, dans ce pays, est, à la fois, entourée *de force et de considération.* Mais, en France, où il existe une *autre noblesse légale, nombreuse et riche,* dont les prétentions lui font considérer, comme fort au-dessous d'elle, tous ceux qu'elle se persuade être d'une naissance moins ancienne ; comment l'amènera-t-on à avoir une bien haute considération, pour des *pairs héréditaires,* pris indistinctement dans toutes les classes ? Si, dans la masse de la nation, il existe un esprit tel, qu'elle attache de la *considération à l'ancienne noblesse,* comment espérer qu'elle en attache une de préférence à celle *héréditaire, mais toute nouvelle, des pairs ?* Et si, au contraire, elle n'attache aucune considération à la naissance, mais seulement au mérite et aux services, que sera-ce, dans son opinion, que *l'hérédité* de la pairie ?

Si l'on compare la fortune des uns et des autres, quelle masse de richesses et de force se trouvera dans le *corps entier de la noblesse, comparativement* à celle de la pairie ! La force et la considération seront évidemment, toutes entières , du côté *de la noblesse* , *si les pairs sont héréditaires :* on ne peut comparer , à cet égard , la France à l'Angleterre.

On peut bien moins la comparer encore, quant aux rapports politiques ; nous avons vu qu'en Angleterre, c'étaient *les grands qui, réunis au peuple,* avaient reconquis la liberté; au lieu qu'en France, c'est *malgré les grands* , et *contre les grands* , que le *peuple seul* a reconquis cette liberté, que la Charte royale lui assure.

C'est donc, avec grande raison, qu'en Angleterre, la liberté, à l'époque où elle y a été conquise, s'est, *en partie* , appuyée sur la pairie héréditaire : mais en France , si elle était assise sur les mêmes bases, la pairie serait évidemment un élément de destruction, au lieu de l'être de stabilité : ou plutôt ce serait réchauffer le germe d'une nouvelle révolution, que de confier la garde de la liberté à ceux qui, en France, s'en sont constamment montrés les plus irréconciliables ennemis.

Il est, sans doute, d'*honorables exceptions ;* nous voyons même les noms les plus illustres , associés aux véritables amis de la liberté : aussi, soutenant leur noblesse héréditaire par une *noblesse de sentiment* , qui leur donne un nouveau relief, sont-ils portés, par la voix publique, à la haute *magistrature de la pairie;* mais *à la pairie à vie :* car rien ne garantit à la nation que leurs descendans auront les mêmes sentimens ; et ce ne serait qu'autant qu'ils imiteraient la conduite de leurs pères, qu'ils mériteraient eux — mêmes d'être élevés à cette suprême magistrature : l'on est en droit, d'après l'expérience, de craindre que *l'empire des préjugés de société* leur fasse abandonner la bonne route, et, avant de les choisir, pour remplacer leurs pères, l'on doit être assuré qu'ils ont donné des preuves des mêmes vertus.

La pairie, en France, ne devrait donc être conférée qu'à des hommes *nobles ou non* , qui n'auraient point le puéril orgueil de la naissance; dans l'état actuel des choses, cette faveur, nous le disons à regret, devrait être rare dans la classe des nobles ; ce ne sera que lorsque la noblesse se sera entièrement identifiée avec la masse de la nation, lorsqu'elle aura franchement renoncé, sans aucune arrière-pensée, *à s'opposer à la liberté de tous ;* lorsqu'elle sera disposée, au contraire, à combattre pour elle ; qu'il ne sera plus dangereux de lui confier la pairie : mais, quand nos vœux, à cet égard, se réaliseront-ils? Ne cherchons donc point, sur cet objet, à imiter l'Angleterre, puisque ne partant pas des mêmes données, nous ne pourrions arriver aux mêmes résultats. Les pairies, dans ces deux pays, ne peuvent rien avoir de commun que le nom.

Objectera-t-on que la Charte *ayant reconnu une noblesse,* la Chambre des pairs doit la représenter; que les nobles pourraient tous être considérés comme pairs, et être représentés par un certain nombre d'entre eux, au choix du Roi ; que ce serait un moyen de faire disparaître l'espèce de rivalité dangereuse qu'il peut y avoir *entre la pairie et la noblesse héréditaires,* qui alors ne formeraient plus qu'un seul et même corps ; qu'on lui donnerait ainsi une grande prépondérance, comparable et peut-être même supérieure à celle de la pairie d'Angleterre ?

Mais, par une semblable combinaison, on ferait revivre *l'ordre de la noblesse,* qui pouvant alors espérer de *reconquérir des priviléges,* conserverait nécessairement un esprit entièrement opposé à celui de la nation ; établirait une *politique à elle,* et *dans ses seuls intérêts ;* contraires à la fois à ceux de la masse des citoyens et *à ceux du trône.*

En vain alors, le Roi changerait-il les membres de cette chambre, par de nouvelles nominations: tous faisant partie de *l'ordre de la noblesse,* le *même esprit de corps* régnerait toujours, et viendrait opposer une digue, une barrière insurmontable à toutes espèces d'améliorations, jusqu'à ce que ce corps eût obtenu ce qu'il désirerait, *des priviléges,* ou nous eût violemment replongés dans une nouvelle révolution.

Ce danger n'est pas à craindre de la Chambre des pairs, telle qu'elle est constituée par la Charte, par le droit qu'elle donne au Roi, *de créer des pairs à volonté*, héréditaires ou non ; pairs qu'il peut prendre, s'il le juge utile au bien de la nation et à la sûreté du trône, dans la classe plébéienne, toujours disposée à s'opposer efficacement au retour des priviléges et du despotisme des grands.

Le droit que la Charte réserve au Roi, de dissoudre la Chambre des députés, pour en appeler une nouvelle, est un moyen légal qu'elle lui donne *de consulter à l'opinion nationale ;* mais il n'en serait pas de même de ce droit envers la Chambre des pairs, si cette Chambre devait toujours être composée de membres de *l'ordre de la noblesse :* le Roi, par cette prérogative, pourrait bien *connaître le vœu de cet ordre*, mais non celui de la nation ; au lieu que le renouvellement de la Chambre des députés lui fait nécessairement connaître ce vœu, et non celui d'une *classe* ou d'un *ordre* particulier : seule, elle peut lui faire connaître *ses moyens de force*, ceux de s'identifier aux intérêts de la nation, et de captiver, par-là, son amour et sa confiance.

Concluons donc, qu'envisagée sous ce rapport, la pairie devrait être, en plus grande partie, et même toute entière, *à la réserve des princes de la famille royale*, composée de pairs *nommés seulement à vie*, mais choisis parmi les hommes ayant rendu à l'État d'éminens services, et déjà environnés d'une grande considération personnelle.

Examinons, maintenant, si la pairie, ainsi composée, donnerait autant de *garanties de son indépendance*, qu'une *pairie héréditaire :* si elle remplit mieux encore, *en France*, cette *condition essentielle*, que ne le ferait une pairie héréditaire, il ne restera alors plus de doute qu'il ne soit convenable, sous tous les rapports, de la former de membres *nommés seulement à vie ;* et que nous devions dès-lors nous écarter, à cet égard, de l'exemple de l'Angleterre, qui a eu à opérer sur d'autres élémens que les nôtres.

Ce serait une grande erreur de croire que les pairs héréditaires, en France, *seraient plus indépendans* que des pairs à vie : beaucoup de raisons , au contraire , doivent faire penser que les pairs à vie le seront beaucoup plus que les pairs héréditaires.

Un pair , en effet, qui est parvenu à la pairie par *droit d'hérédité*, peut n'avoir aucune des qualités propres à faire un magistrat : il peut même fréquemment avoir des qualités tout-à-fait négatives ou opposées : et, sous ce rapport, il ne peut inspirer aucune confiance. Aura-t-il plus d'indépendance? Pour le supposer , il faudrait mettre en fait, qu'il *n'est susceptible d'aucune ambition personnelle;* en lui supposant même cette vertu, si rare aujourd'hui , et surtout dans les *classes élevées*, en relations journalières et constantes avec des hommes riches et puissans , ne faudrait-il pas qu'il travaillât à assurer un sort à sa famille, dont la plus grande partie se verrait privée des ressources de sa fortune particulière , par *l'établissement d'un majorat* en faveur de son fils aîné qui devrait lui succéder à la pairie? Il se trouvera donc nécessairement, relativement au reste de *sa famille*, dans la dépendance du gouvernement, qui seul dispose de toutes les grandes places ; et peut-on espérer qu'il y aurait beaucoup de pairs héréditaires, qui voulussent renoncer à l'espoir et au désir de procurer de semblables établissemens à leurs enfans? Non , sans doute! Les pairs héréditaires ne seront donc pas, comme on veut affecter de le croire, *parfaitement indépendans :* ils le seront, au contraire , *beaucoup moins que les pairs à vie;* car ceux-ci n'étant point forcés de laisser toute ou la majeure partie de leur fortune *à un seul* de leurs enfans appelés tous alors par la loi à un partage égal, se trouveront dans la même situation que les autres citoyens : la pairie n'étant point héréditaire dans leurs familles, elles se livreront, selon leurs moyens , au travail et à l'industrie, qui conviendront le mieux à chacun de leurs membres, sans ambitionner ni *solliciter les hauts emplois,*

(9)

qu'un pair héréditaire croira, en général, être dus à sa naissance et à son rang : *le pair à vie*, parvenu à la pairie *par son mérite personnel*, se trouvera nécessairement au-dessus de ces petites considérations de vanité, qui rendent souvent si dépendant celui même à qui sa fortune et mille autres circonstances devraient assurer la plus complète indépendance.

Un riche négociant, un jurisconsulte célèbre, un savant, un militaire distingué, ... etc., appelé à la pairie à vie, en récompense de ses travaux, et pour faire jouir l'État de son expérience et de ses talens, n'aura que bien rarement l'ambition de faire sortir ses enfans de l'état qui lui a valu, à lui-même, de si grands honneurs, une si grande considération et une si puissante influence ; lorsqu'il en serait nécessairement tout autrement, s'il était nommé *héréditairement* à la suprême magistrature de la pairie.

Concluons donc encore, que *l'hérédité de la pairie*, loin de rendre les pairs plus indépendans, les met, au contraire, dans une *dépendance presque obligée*, et beaucoup plus grande, sous tous les rapports, que les pairs simplement nommés à vie.

Ainsi, *considération personnelle, expérience, talens, indépendance........* : tout se réunit *en faveur des pairs à vie*, et repousse *l'hérédité de la pairie.*

Qu'on se figure cette haute magistrature, composée de tout ce que la France a de plus recommandable par les talens et les services ; et qu'on dise si elle ne jouirait pas, dans la nation, *de beaucoup plus de considération ;* si ses décisions n'auraient pas beaucoup plus de poids et ne seraient pas beaucoup plus respectées, que celles qui émaneraient d'un corps héréditaire, dont les membres seraient nécessairement, au moins pour la plupart, énorgueillis de leur naissance et de leur *prérogative de famille ;* qui n'auraient *personnellement* rendu aucun service ; dont plusieurs même seraient hors d'état d'en rendre ; qui ne jouiraient d'aucune expérience ; qui, élevés et toujours placés dans une sphère supérieure, et, pour ainsi dire, étrangère, n'auraient jamais pu connaître ni apprécier les besoins et les ressources industrieuses et productives de la nation ; qui, jaloux de la *noblesse titrée*, et jalousés eux-mêmes par elle, ne pourraient jamais s'élever, ne fût-ce qu'à cause du nombre, au même degré qu'elle, de richesses et d'influence, malgré ses droits et ses prérogatives constitutionnelles.

Non, jamais ! on est forcé de le reconnaître ; jamais une telle pairie ne pourrait acquérir, en France, le degré de force et de considération qui lui seraient nécessaires, pour remplir convenablement les hautes fonctions qui lui sont déléguées par la Charte.

Une telle composition n'aurait que les inconvéniens majeurs, de créer, sans nécessité, *une nouvelle caste* dans la nation, qui n'est pas moins jalouse de l'égalité de tous devant la loi, que de sa liberté ; une caste qui, loin de s'élever avec le temps, dans l'opinion, ne pourrait que s'y dégrader, à moins qu'on ne la recrutât fréquemment d'hommes de mérite qui lui manqueraient nécessairement? Et pourquoi ne pas composer, dès à présent, cette magistrature, de ces mêmes hommes qui lui deviendraient indispensables, sans permettre que l'*hérédité* vienne affaiblir et déconsidérer ce corps auguste, qui ne peut, on doit le répéter, *tirer sa force en France*, que de sa propre *considération*, et de celle de tous ses membres en particulier ?

La composition actuelle de la Chambre des pairs ne présente point et ne peut encore présenter tous les inconvéniens d'une Chambre héréditaire ; la presque totalité de ses membres ont été choisis par le Roi, et peu d'entre eux y sont, jusqu'à présent, parvenus par droit d'hérédité : cette Chambre, telle qu'elle est composée aujourd'hui, se rapproche donc, sous certains rapports, d'une magistrature à vie, quoique déjà elle ait laissé percer des vices reprochés à l'hérédité ; mais lors même qu'elle en serait exempte pour quelque temps, les choses reprendráient nécessairement bientôt leur cours naturel, si le Roi continuait à nommer des *pairs héréditaires*, au lieu de n'en nommer dorénavant *qu'à vie* : cette haute magistrature ne tarderait pas à se trouver composée, *en très-grande majorité*, de pairs qui n'y seraient parvenus que par droit *de leur naissance*, et non par suite de leur mérite personnel et du choix du Monarque! grave inconvénient, qu'il importe d'éviter, conséquemment de *signaler*, *lorsqu'il en est encore temps*, et que, *constitutionnellement*, il peut y être mis un terme.

Objectera-t-on que des pairs, *à vie seulement*, n'auraient point un assez puissant intérêt à soutenir les *droits de la pairie ;* que leurs intérêts *de famille*, se confondant avec ceux du reste de la nation, il serait à craindre qu'ils ne fussent entraînés trop facilement à partager les opinions populaires?

Ce serait bien peu connaître l'*esprit de corps*, de penser que la Chambre des pairs, créée principalement dans les *intérêts du trône*, et jouissant, *elle seule,* ainsi que ses membres, dans toute la nation, de *hautes prérogatives*, pût jamais se laisser influencer par d'autres considérations!

L'on sait avec quelle facilité on abandonne tous les intérêts, même ceux de famille, pour les *intérêts de corps*, lorsque, par hasard, ils se trouvent en opposition; une longue expérience le prouve; l'on y est engagé par devoir et par honneur!

Chaque corps a ses principes, ses préjugés même dont il est impossible de le faire dévier. Qui ne connaît l'esprit des associations, des corporations de toutes espèces, celui des congrégations; *du clergé*, dans tous les lieux et dans tous les temps? Celui de tous les grands corps, enfin, auxquels on est affilié pour la vie? Il n'y a aucune exception!

C'est donc une crainte puérile, une crainte chimérique que de penser qu'une Chambre des *pairs à vie*, composée de tout ce qu'il y aurait de plus recommandable dans la nation, pût jamais mettre de la tiédeur à défendre *ses droits cons-titutionnels :* il y aurait plutôt à redouter de la voir établir une *opposition systématique ;* et travailler à étendre ses prérogatives, si le Roi n'était armé d'un moyen légal de la circonscrire dans ses attributions : qu'on se rappelle les en-treprises *des Parlemens,* qui ne *furent pas toujours infructueu-ses ;* qui n'ont jamais été disposés à céder, quoique leurs *emplois ne fussent qu'à vie !*

Et d'ailleurs, *l'intérét privé* ne domine-t-il pas, presque toujours, le *simple intérét de famille?* A qui persuadera-t-on qu'il y ait beaucoup de personnes disposées à préférer, *aux leurs,* les intérêts de ceux de leurs descendans que leur a désignés la loi ? Peu de pères de famille, autrefois, parais-saient satisfaits de la *substitution de leurs biens,* faite à leur détriment et à celui de la majeure partie de leur postérité. Ce n'était, certes, pas un excellent moyen de les attacher *de préférence,* à ceux dont ils n'étaient que les *usufruitiers ;* ni ceux-ci aux auteurs de leurs jours !

Combien pourrions-nous citer d'exemples terribles du con-traire, ainsi que de l'empire des *devoirs et des passions,* sur les plus tendres affections de la nature !

Brutus fait mettre à mort ses deux fils, en sa présence. Un autre consul condamne le sien, pour avoir osé vaincre sans ses ordres. Pierre-le-Grand fait faire le procès au malheu-reux *Alexiowitz,* son fils et l'héritier de son trône........ Que de scènes sanglantes de cette espèce, ne contiennent point les annales des nations? Combien d'autres *trop obs-cures,* pour avoir été révélées ou en avoir gardé le sou-venir ?

L'hérédité d'une magistrature n'est donc point un garant plus assuré de la fermeté et du zèle qu'on mettra à en rem-plir les devoirs, et surtout à ne jamais s'en écarter, qu'une magistrature à vie.

Qu'on cesse donc de nous dire que des *pairs, s'ils n'étaient qu'à vie,* pourraient, plutôt que *s'ils étaient héréditaires,* manquer d'intérêts, d'énergie et d'indépendance : tous les faits historiques démentent une semblable assertion, et la démentiront dans tous les temps.

On feint de croire que ces magistrats ne seront point assez *indépendans;* mais alors, il faut donc renoncer à se féliciter de *l'indépendance des tribunaux,* puisque l'indépendance des juges n'est, aux yeux de tous, que la conséquence immédiate de leur emploi à vie. Cette indépendance même n'est-elle pas gravement altérée par l'espoir d'avancemens successifs, que peuvent solliciter et obtiennent tous les jours leurs différens membres? Or, rien de semblable n'aurait lieu dans la pairie, qui, en France, est, de toutes les magistratures, la plus élevée : en y nommant d'ailleurs constamment des hommes recommandables par des services éminens, ces mêmes hommes auraient fourni leur carrière; et la pairie ne pourrait être considérée, ou au moins pour la plupart d'entre eux, comme un *marche-pied* pour arriver à de plus grands honneurs, ce qui serait entièrement différent, si la pairie était héréditaire ; car beaucoup de pairs pourraient espérer de s'étayer de cette haute magistrature, pour envahir les grands emplois, soit pour eux-mêmes, soit pour leurs familles; ce qui ne donnerait pas à la nation une bien grande sécurité *sur leur indépendance.*

L'on pourrait objecter, que des pairs simplement nommés à vie, ayant l'espoir de devenir héréditaires, il y aurait à craindre que cette ambition ne nuisît à leur indépendance ; ce serait une nouvelle preuve, qu'il serait plus convenable, sous tous les rapports, que tous les pairs, *sans exception,* ne fussent plus nommés qu'à vie, et aucun héréditairement : *la Charte en laisse toute la faculté au trône.*

Mais, pourrait-on dire encore, *l'essai en a été fait par l'établissement du Sénat,* dont tous les membres n'étaient nommés qu'à vie, et choisis, tant parmi les hommes qui avaient rendu le plus de services, que parmi ceux qui s'étaient acquis une grande considération personnelle , par leurs lumières , leur savoir et leurs talens ; et l'on sait que cet essai n'a pas été heureux ! Le Sénat, loin d'avoir conservé la noble indépendance qu'on eût dû en attendre , n'a été que trop souvent l'esclave du pouvoir!

On ne peut le nier ; mais plusieurs causes, qui resteront toujours absolument étrangères à la Chambre des pairs, ont concouru à cette espèce d'asservissement ; particulièrement *son organisation et l'étendue effrayante de ses attributions.*

En effet , outre sa grande influence sur l'élection des membres du corps législatif, qu'il choisissait lui – même parmi un grand nombre de candidats, il rendait seul chaque jour, des *sénatus-consultes* qui, non–seulement avaient force de lois, mais encore qui *bouleversaient les lois constitutionnelles* elles-mêmes : c'était un *pouvoir constituant* et même *révolutionnaire , toujours permanent ;* entièrement subordonné , toutefois, au chef de l'État , qui l'avait ainsi organisé dans le seul intérêt de son despotisme! Il avait eu soin de se réserver le droit d'accorder à ses membres des honneurs, des sénatoreries , des traitemens arbitraires sur les fonds même du Sénat , grâces qu'il proportionnait aux services personnels qui lui étaient rendus : il en avait fait ainsi un *véritable divan!*

Rien de semblable n'existe et *ne peut exister* dans la Chambre des pairs, dont toutes les *attributions législatives* se bornent à l'acceptation ou au rejet des *lois qui lui sont présentées,* et qui ont besoin encore, pour recevoir leur exécution , de *l'acceptation de la Chambre des députés* et de la sanction du Roi.

Cette différence complète entre l'organisation de ces deux corps, explique suffisamment celle de la conduite essentiellement *obligée* de chacun d'eux ! Le premier *participant immédiatement à la puissance souveraine,* devait nécessairement, comme tous les pouvoirs de ce genre , tendre continuellement à *l'accroître et à en abuser !* Le second, au contraire, étant circonscrit *immuablement* dans ses attributions, ne peut prêter aucune force au despotisme, puisqu'il ne peut *rien décider sans la Chambre des députés*, et qu'il ne peut même se réunir hors les temps des sessions de cette Chambre.

Il est donc impossible de tirer aucune induction plausible de la conduite qu'a tenue le Sénat, *sous l'empire*, pour juger de celle que tiendra la Chambre des pairs, sous *la monarchie constitutionnelle*.

Elle sera, sans doute, presque toujours disposée à favoriser les projets du gouvernement, car c'est une condition, *sinon expresse, du moins tacite* de son organisation constitutionnelle, le Roi *pouvant* en *changer, à son gré, la majorité* par la nomination simultanée d'un grand nombre de nouveaux pairs; mais qu'ils soient nommés à vie ou héréditairement, cela ne peut rien changer à cette combinaison calculée à l'avance : et l'on peut poser *en principe*, que, *dans toutes les occasions d'une importance majeure, la Chambre des pairs opinera toujours comme le désirera le gouvernement !*

L'indépendance de chacun de ses membres, en particulier, n'en sera pas, pour cela, altérée ; mais cette faculté du gouvernement rend, il faut l'avouer, cette indépendance individuelle, beaucoup moins importante, pour la nation, que ne l'est celle des membres de la Chambre des députés, dont le gouvernement ne peut faire ainsi changer, *à son gré*, la majorité.

En Angleterre, sans doute, les vices héréditaires, que nous avons signalés, existent ; mais ils sont bien moins dangereux qu'ils ne le seraient en France ; parce que les pairs, dans ce pays, y ont une plus grande prépondérance et une plus grande indépendance *personnelles* qu'ils ne pourraient jamais l'avoir en France ; à cause de *leur immense fortune territoriale*, et de *leur longue possession*, dont l'origine se lie *à l'établissement de la liberté* ; parce qu'en Angleterre, il n'existe point d'*autre caste noble* qui puisse rivaliser avec celle des pairs, pour leur enlever les plus hauts emplois ; tandis qu'en France, les deux noblesses rivales pourraient y faire assaut de complaisances pour les obtenir ; et que, naturellement ennemies, elles ne pourraient jamais faire alliance entre elles, qu'*aux dépens des droits de la nation* et *des prérogatives du trône !*

Si on persistait à vouloir, en France, une pairie héréditaire, il faudrait nécessairement alors *abolir toute autre noblesse*, comme en Angleterre : mais *la Charte la reconnaît*, et en cela, notre Constitution ne ressemble point à la sienne ; admettons donc les modifications que cette différence entraîne, et ne balançons pas à substituer, chez nous, la *pairie à vie* à *la pairie héréditaire*, qui peut être bonne chez nos voisins, mais qui, chez nous, serait mortelle et destructive de toute liberté, comme de toute union et de toute tranquillité.

Mais, dira-t-on, ne pouvons-nous nous placer dans la même situation que l'Angleterre, en ne *reconnaissant plus de noblesse*, autre que la pairie héréditaire, qui serait composée *des familles les plus riches et les plus illustres du Royaume* ?

Outre que la Charte s'y oppose, il faudrait, pour amener un semblable ordre de choses, des *circonstances fortuites*, comme celles qui ont eu lieu en Angleterre, lors de l'établissement de la grande Charte ; et il ne dépend pas de nous de faire naître, à volonté, ces circonstances extraordinaires !

A l'aurore de la révolution, la noblesse préféra voter *son entière abolition* plutôt que de *reconnaître et d'éterniser la suprématie de quelques familles* sur d'autres qui, avec moins de richesses, n'avaient pas moins de prétentions. Aucune d'elles alors n'avait les armes à la main, comme en Angleterre à l'époque de la grande Charte, et ne pouvait conséquemment s'en emparer de force , ni imposer un joug qu'eux-mêmes ne voulaient pas supporter : l'esprit de cette noblesse , *abolie en 1791 et ressuscitée en 1814*, n'a point changé.

En Angleterre , les grands se sont emparés *violemment* de la pairie , ou plutôt ont forcé le Monarque à reconnaître *leurs anciens droits ;* et agissant dans les intérêts de la liberté , ils ont été soutenus par le peuple, qu'ils ont protégé à leur tour ; ainsi a été établie la grande Charte : mais, en France , il en a été tout autrement ; *les grands y ont commencé la révolution*, dans les seules vues d'accroître leurs prérogatives particulières, *aux dépens de la nation et du trône ;* l'État a été bouleversé et le trône renversé , *par leur opposition et leur résistance opiniâtre* à reconnaître les libertés nationales ; ils se sont groupés autour du trône , non pour le soutenir, mais *pour s'en étayer*, préférant son anéantissement total à le voir protégé , plus puissant que jamais , par les bras dévoués de la nation entière ; de le voir protégeant la nation à son tour, sans autre préférence que celle résultant du mérite et *des services personnels....* Ils se sont ainsi armés, à la fois, *contre la nation et contre le Roi*, en cherchant à se faire croire le mérite de se dévouer personnellement pour la défense du trône , lorsqu'ils ne prenaient réellement les armes que pour l'asservir lui-même et enchaîner la nation. Les princes se sont trouvés parmi eux comme *en otage ;* ils les ont séparés de la nation , qu'ils n'ont cessé de calomnier auprès d'eux ; et ne pouvant la vaincre , ils ont voulu qu'ils partageassent leur sort ; aimant mieux voir périr le trône que de renoncer à leurs priviléges, et de ne voir, dans tous les Français, que *des égaux*, des Français comme eux. *S'ils eussent été vainqueurs, la nation et le trône leur étaient asservis ;* heureusement, pour l'un et pour l'autre, ils ont été constamment vaincus : *le trône constitutionnel* a été élevé *sans eux et malgré eux....* Malgré eux, il subsistera ; mais ce ne sera pas en leur en confiant la garde, comme elle l'a été et a dû l'être en Angleterre, où *les grands se sont fran-chement unis au peuple*, pour renverser le despotisme, lors-qu'au contraire les grands, en France, ont combattu et luttent encore *contre le peuple et contre le Roi*, pour rétablir leur monstrueuse oligarchie.

De quels malheurs ne serait point encore menacée la France, si un des trois grands pouvoirs de la nation, la Chambre des pairs, était, *en entier*, composée de semblables élémens; et si la Charte n'eût point réservé au Roi le droit d'y en introduire d'autres à volonté? Si, comme le désireraient ces soi-disant soutiens du trône, les pairs ne pouvaient être choisis que dans la classe des nobles, qui ont presque tous des vues et des intérêts de corps , directement opposés à ceux de la nation et de la couronne, n'y aurait-il pas à craindre qu'ils ne se servissent de *leur autorité constitutionnelle*, que pour renverser la Charte qui la leur aurait donnée, asservir le trône et replonger les peuples dans la servitude? Heureusement que la sagesse du Monarque , les lumières et l'énergie de la nation ne permettraient pas aujourd'hui de rien redouter de semblable ; ou une nouvelle révolution, qui ne se porterait que sur les véritables ennemis de toute liberté raisonnable, les aurait bientôt, de nouveau, fait rentrer dans le néant.

Jugeons de ce que pourrait faire une Chambre des pairs ainsi organisée, par ce quelle a entrepris en 1819, lorsqu'elle n'était point , grâce à la sagesse et à la prévoyance du Monarque, composée d'une manière aussi anti-nationale. La majorité de cette Chambre ne s'étant pas encore pénétrée du rôle qu'elle est appelée à jouer dans l'ordre constitutionnel, s'est élevée, en opposition menaçante, contre les deux grands pouvoirs de l'État; à la fois contre le Roi et la Chambre des députés : ignorant, sans doute, que la Chambre des pairs ne doit jamais jouer, dans l'organisation constitutionnelle, qu'un *rôle secondaire* ; que les deux seules *puissances réelles* de la nation, parce que seules elles ont de la force, sont, en France, par la nature même des choses, et sans qu'il puisse en être autrement, *le peuple et le Roi;* que la Chambre des pairs n'est créée que pour l'utilité de l'un et de l'autre, et nullement pour elle-même ni pour aucun de ses membres en particulier; qu'elle n'est placée que comme *arbitre*, pour ainsi dire, entre ces deux grandes puissances, pour éviter qu'elles ne se heurtent trop violemment : comme on jette entre deux masses immenses, entre deux *vaisseaux*, par exemple, quelques corps mous et élastiques, pour les empêcher de se briser à l'abordage.

Mais, dira-t-on, c'est réduire la Chambre des pairs à un rôle *purement passif;* c'est lui ravir son ressort et toute son indépendance. Ce serait une grande erreur de le penser ainsi, et cette erreur proviendrait de ce que l'on voudrait attribuer à ce corps un degré d'influence qu'il ne doit pas avoir. Chaque machine a un genre de forces qui lui est propre; si vous voulez lui en faire exercer d'autres ou de plus grandes, vous la brisez ou vous ne produisez aucun effet : dans une machine *à vapeur*, par exemple, ce sont le feu et l'eau qui sont les principaux élémens de son mouvement; supprimez l'un ou l'autre, il n'y a plus de force; attisez le feu sans ménagement, elle sera brisée à l'instant; et la vapeur qui mettait si merveilleusement cette machine en jeu, après avoir tout détruit, retombera en eau dans le réservoir général. C'est ce qui arriverait à une Chambre haute, qui sortirait de ses *limites constitutionnelles;* elle viendrait bientôt se confondre et s'anéantir dans la masse toujours subsistante de la nation.

C'est faute d'avoir suffisamment réfléchi sur les rapports qui doivent exister *entre les trois grands pouvoirs constitutionnels,* qu'on peut se permettre de supposer que celui de la Chambre des pairs *est égal* à chacun des deux autres : cela n'est ni dans le fait, ni dans la nature des choses. *Le pouvoir de la nation est sans bornes :* c'est d'elle que découlent tous les autres, et c'est à elle qu'ils doivent se rapporter tous. En accordant, par la Charte, une partie de sa puissauce, elle l'a *inégalement répartie : le Roi* a été investi d'une *autorité prodigieuse* ; la *Chambre des députés* (prise abstractivement, formée et renouvelée au besoin, suivant les formes constitutionnelles) l'a été d'une confiance illimitée , et conséquemment d'une *puissance immense* , puisqu'en dernier résultat, ce pourrait être celle de la nation toute entière ! La *Chambre des pairs*, sans force coactive *par elle - même*, n'a été investie de quelques pouvoirs que pour *tempérer*, au besoin, les deux autres. Si elle prétendait s'en arroger un particulier , isolée, elle sentirait bientôt sa faiblesse, et retomberait dans le néant. Mais la Charte y a sagement pourvu ; en mettant entre les mains du Roi des moyens efficaces pour la faire , au besoin, rentrer dans le devoir. Un exemple récent vient de donner à tous la juste mesure de ses droits, et à la Charte une nouvelle force. Elle ne tentera probablement plus, à l'avenir, de se saisir de l'épée de *Brennus* ; elle sentira que son rôle est plutôt de rester assise sur ses chaises curules.

Cette Chambre, réunie à un des deux autres grands pouvoirs, a une influence considérable : dans l'isolement, elle est sans force. C'est le poids léger avec lequel Archimède eût remué le monde, si on lui eût fourni un point d'appui et un bras de levier suffisant. Ce levier et ce point d'appui sont le Roi et la Chambre des députés. Celle des pairs est impuissante sans eux : elle ne pourrait avoir quelque force que par l'opinion publique ; mais il n'est ni dans ses moyens, ni dans ses relations de société, de la connaître parfaitement, ni dès — lors de l'exprimer. Quelle confiance la nation pourrait-elle avoir à un corps qui, ayant des priviléges, et conséquemment des intérêts particuliers, se prononcerait à la fois *contre l'opinion du Roi et contre celle de la Chambre des députés?* Il serait absurde qu'elle pût lui en accorder aucune.

Mais, dira-t-on encore, si la Chambre des pairs doit toujours, par sa nature et par son organisation, se soumettre, soit à l'opinion du gouvernement, soit à celle des députés, elle ne pourra donc plus exercer ses fonctions constitutionnelles, qui l'autorisent à rejeter les propositions faites par le Roi, quoiqu'adoptées par la Chambre des députés?

Ce serait tirer une très-fausse conséquence de la véritable théorie du pouvoir de la pairie. Il se présente, et c'est le plus souvent, des cas où il est nécessaire de s'environner de toutes les lumières avant de prendre une décision absolue; d'autres, qui ne sont pas tellement graves, que, de leur adoption ou de leur rejet, il puisse en résulter un *danger réel pour l'État*. Alors, la Chambre des pairs, rejetant une proposition faite par le Roi, et adoptée par la Chambre des députés, élève nécessairement *un doute* sur la bonté ou l'efficacité de la mesure proposée. Dans ce cas, elle rejette, et *ce rejet est respecté. Dans le doute*, dit le sage, *abstiens-toi*.

Mais, s'il est question d'une *mesure capitale*, qui intéresse la sûreté générale et la tranquillité de l'État, qui ne puisse être rejetée sans un danger imminent pour la chose publique, la Chambre des pairs n'abuserait-elle pas des droits que, par la Charte, elle a de rejeter, si elle pouvait en user dans toute sa rigueur? Le Roi ne devrait-il pas alors avoir recours à sa prérogative de faire changer le vœu de la majorité de cette Chambre, imprévoyante, si elle n'était pas réellement coupable? Dans ce cas là même, son *rejet* ne serait-il pas une espèce d'*ajournement?*

Ajoutera-t-on, qu'il pourrait arriver qu'une proposition de cette importance, faite par le Roi, adoptée par la Chambre des pairs, fût rejetée par celle des députés; qu'alors, la chose publique serait également en danger, le Roi n'ayant pas le droit de faire changer la majorité de cette Chambre, à volonté, comme dans celle des pairs. Nullement! Puisque le Roi a le pouvoir constitutionnel de *dissoudre cette Chambre*, et d'en appeler une seconde, une troisième, etc. Mais, continue-t-on, si ces diverses Chambres de députés refusent opiniâtrement d'adopter la mesure proposée par le Roi et consentie par la Chambre des pairs, qu'en résultera-t-il? La réponse est simple et toute nationale : c'est que les ministres du Roi se seront trompés, ainsi que la Chambre des pairs, en croyant prononcer *le vœu national*, puisque les différentes Chambres des députés, renouvelées constitutionnellement, connaissant et *pouvant seules parfaitement connaître ce vœu*, le déclarent constamment contraire. En effet, qu'est-ce autre chose, de la part du Roi, en prenant la mesure de dissoudre la Chambre des députés, que d'en *appeler au vœu national*, en en faisant élire une nouvelle? N'est-ce pas dire implicitement qu'il s'y conformera dès qu'il en aura *la connaissance certaine*? Il peut avoir été trompé, à cet égard, par ses ministres, qui peuvent s'être trompés eux-mêmes; il veut être éclairé !

Il né peut prendre la même mesure à l'égard de la Chambre des pairs, car cette Chambre, *par son organisation même*, n'est pas censée exprimer le vœu national, mais seulement le *sien propre*.

Il faudrait donc que le Roi eût, en cette Chambre, une confiance bien absolue et dès-lors bien aveugle, pour lui en accorder une plus grande qu'à celle des députés, renouvelée à sa volonté et exprimant conséquemment la véritable opinion nationale : rien, il faut l'avouer, ne serait plus inconséquent et plus absurde qu'une semblable supposition.

Ainsi que nous l'avons déjà prouvé, *les deux grandes puissances* réelles de l'État sont le Roi et la Chambre des députés : lorsque ces deux autorités sont d'accord sur des *objets majeurs et constitutionnels*, tout doit céder, ou il n'y a plus que désordre et anarchie.

Je sais qu'on peut objecter qu'il est possible que, dans des temps de factions, les ministres puissent s'entendre avec la Chambre des députés, pour *tromper le Roi* et l'entraîner à sa ruine ; qu'alors la Chambre des pairs pourrait seule sauver la monarchie. Mais , comment pourrait-elle la sauver, puisque , si les ministres ont la confiance du Roi , ils sont les maîtres de changer la majorité de cette Chambre? S'ils ne l'ont pas , étant à la seule nomination du Roi , ils cesseront d'être ses ministres, et le danger s'évanouira.

Comment peut - on supposer que les ministres du Roi s'entendront avec la Chambre des députés , pour le trahir? Comment peut-on supposer, de bonne foi , que le Roi , sa famille , les personnes qui lui sont le plus affectionnées, n'auront point su démêler de telles horreurs ; et que *cependant la Chambre des pairs en sera instruite?* Ce sont de ces combinaisons tout au plus bonnes à reléguer dans les romans.

Dans le système représentatif, la création de la Chambre des pairs est une institution qui a particulièrement pour but de consolider le *pouvoir constitutionnel du Roi :* cette institution accordant des prérogatives à un certain nombre d'individus, puissans par leurs richesses, par leur considération personnelle , ou de toute autre manière , assure au Roi un appui contre la masse d'un parti, qui, sans cela, pourrait devenir redoutable à son gouvernement : elle sert à l'éclairer sur la confiance qu'il peut accorder ou refuser à ses conseillers, lorsque cette Chambre , qui n'a pas toujours les mêmes intérêts que celle des députés, les repousse ou les accueille, de concert avec elle.

Elle est utile à la nation, en ce qu'elle donne une base plus large, pour la solidité du trône ; en ce que , dans ses nombreuses relations de société, dans sa sagesse et son expérience , elle peut dévoiler des faits et des rapports, que , dans son ardeur pour le bien , la Chambre des députés aurait pu ne pas avoir envisagés sous toutes leurs faces.

Là , se borne tout le bien qu'elle peut faire , car il lui serait impossible de soutenir ni la nation, ni elle-même, contre les entreprises du despotisme, puisque, si le ministère, qui aurait la confiance du Roi, était assez aveugle ou assez perfide pour suivre une marche aussi contraire aux véritables intérêts du Monarque qu'à ceux de la nation, le ministère serait assez puissant pour se procurer la majorité dans la Chambre des pairs, qui alors, ainsi qu'on a vu naguère *le Sénat*, deviendrait entre ses mains un nouvel instrument d'oppression.

Concluons donc que la Chambre des pairs n'est utile à la liberté, qu'autant qu'elle contribue à *maintenir l'ordre établi* par la Charte constitutionnelle ; à lui donner une stabilité dont, sans elle, *l'expérience* nous a prouvé qu'elle pourrait manquer : concluons aussi, que ce serait une faible digue contre le pouvoir absolu, si jamais les ministres du Roi étaient assez pervers pour le tromper au point de faire marcher son gouvernement dans cette pernicieuse direction : la Chambre des députés et derrière elle, toute la nation, pourrait seule efficacement s'y opposer. Sous un Roi sage et éclairé, sous l'auteur de la Charte, un semblable danger n'est point à redouter ; espérons qu'il ne le sera jamais pour la nation française, pour cette nation grande et généreuse, qui a fait tant de sacrifices de tous les genres, pour conquérir cette liberté précieuse, qui ne peut que jeter de vigoureuses et profondes racines à l'ombre du trône constitutionnel ; d'un trône protecteur de tous les droits et de tous les intérêts ; qui ne veut qu'union et oubli ; et qui les obtiendra, en achevant de ruiner des espérances coupables, et en sauvant de leurs propres fureurs ses ennemis les plus dangereux, ses hypocrites amis.

Le savant et estimable auteur de l'*Essai sur les garanties*, me paraît être tombé dans une grande erreur, en attribuant la qualité de *représentant de la nation* à la Chambre des pairs, comme à celle des députés et au Roi.

La Chambre des pairs n'a point de *commettans ;* elle compose à elle seule toute la *partie aristocratique* de la nation, puisque ses membres seuls ont des priviléges ; elle ne stipule donc que dans *ses seuls intérêts* et dans ceux de ses membres. Ils font, sans doute, *partie de la nation* ; mais, ayant des intérêts particuliers, ils ne peuvent être censés en énoncer l'opinion, si la leur se trouve en *opposition* avec celles du Roi et de la Chambre des députés : les pairs, peu répandus dans la masse du peuple, et n'ayant aucun des moyens dont est investi le ministère, pour savoir ce qui s'y passe, il est impossible que cette Chambre soit instruite, comme celle des députés et comme doit l'être le Roi, des sentimens de ce peuple qui lui est presque étranger. Comment donc pourrait-elle *représenter* la nation?

Il en est autrement du Roi, qui est le point de réunion où aboutissent tous les fils de l'administration ; qui est seul chargé de faire exécuter les lois, et qui n'a d'autres *intérêts personnels* que celui de la *nation elle-même*.

La chambre des pairs n'est que le *balancier* de la machine politique ; le Roi et la Chambre des députés en sont les ressorts essentiels ; ce sont donc *les seuls véritables représentans constitutionnels de la nation* : la nature même des choses exclut nécessairement tous les autres. La chambre des pairs ne pourrait être un de ses représentans qu'autant que ses membres auraient réellement des commettans, et auraient les mêmes intérêts qu'elle, comme était autrefois le *conseil des anciens* ; mais l'expérience a prouvé que ce conseil ne pouvait remplacer ce *balancier politique*, précisément parce qu'il avait les mêmes intérêts que ceux du conseil des Cinq-Cents, et qu'il n'avait aucune des données nécessaires pour envisager ces intérêts sous d'autres rapports.

La Chambre des pairs n'est point un des représentans de la nation ; elle n'est qu'un *corps intermédiaire*, un conseil de *prud-hommes*, *d'arbitres*, qui n'a, par lui-même, d'autre autorité que celle des lumières qu'on lui suppose ; que celle de la persuasion : puissance qui sera toujours très-grande en France, lorsqu'on en usera avec modération ; mais qui viendra se briser contre les deux autres, toutes les fois qu'elle voudra rivaliser avec elles, et qu'elle n'aura l'appui ni de l'une ni de l'autre!

Si la Chambre des pairs était un des *représentans de la nation*, il faudrait qu'elle pût, dans les grandes circonstances, persister dans une *une volonté propre et entièrement indépendante*, comme celle des députés : or, par son organisation, le trône peut, à discrétion, en changer la majorité ; ses attributions, comme *représentant* de la *nation*, ne seraient donc que *celles du trône* ; et dès-lors, elles deviendraient surabondantes et entièrement inutiles ! Cette Chambre en est un des soutiens naturels ; elle protège aussi le peuple, en ce qu'elle peut servir à éclairer le trône sur ses véritables intérêts, qui pourraient être compromis par de perfides ou d'imprudens conseillers : elle sert ainsi *de lien entre le peuple et le Roi*. Une Chambre des pairs qui aurait l'ambition de jouer un plus grand rôle, courrait évidemment à sa perte et à celle de la monarchie *constitutionnelle*, qu'elle est essentiellement appelée *à maintenir* !

En vain objecterait-on que la Chambre des pairs, qui est un des trois grands pouvoirs de l'État, serait réduite à un *rôle secondaire ;* qu'elle perdrait ainsi toute son indépendance ; que dès-lors *elle ne serait plus un pouvoir !* Sur cela, il faut s'entendre :

Si l'on n'appelle *pouvoir*, qu'une *puissance coactive*, elle ne doit en avoir aucun ; cette puissance se trouve, toute entière, *par le droit entre les mains du Roi*, qui dispose de toute celle de la nation ; *par le fait*, elle est entre les mains de *la nation elle-même.*

Toute puissance coactive se trouve donc, *par le droit et par le fait*, entre les mains du Roi et de la nation : *elle ne peut être ailleurs*, quelqu'ingénieuse que puisse être la théorie qui tenterait de l'établir en d'autres mains ! Le Roi et la Chambre des députés seuls, sont donc investis d'un *pouvoir réel, si on ne l'envisage que sous ce point de vue ;* celui des pairs ne peut être que celui qui découle nécessairement d'un des deux : mais son pouvoir moral, *son pouvoir constitutionnel* est entièrement *indépendant ;* ce pouvoir est celui de la discussion, de la liberté de ses débats, de la publicité de ses actes, qui peuvent amener la conviction, ou provoquer un nouvel examen. Ne serait-il pas monstrueux que la Chambre des pairs eût, à sa disposition, une *force coactive;* qu'elle pût *s'opposer* à celle de la nation, remise *toute entière*, par la Charte, entre les mains du Roi? Et d'où pourrait-elle tirer cette force, si ce n'était de la nation elle-même? Il faudrait donc la *diviser;* et dès-lors, *anarchie* et renversement du trône constitutionnel !

Mais, dira-on, si la Chambre des députés est opposée au Roi, comment pourra-t-il user de sa prérogative constitutionnelle, de *disposer des forces de la nation*? En appelant de cette Chambre à une autre, par la dissolution de la première, pour connaître d'une manière certaine, *le vœu national !* Et comme la volonté du Roi n'est et ne peut être, *dans le droit, comme dans le fait*, que celle de la nation, il se trouvera parfaitement éclairé sur ses véritables intérêts; et toutes les forces nationales resteront nécessairement dévouées, entre ses mains, sans que, pour cela, il puisse avoir besoin, en aucune manière, de l'intermédiaire de la Chambre des pairs, dont, d'ailleurs, sa prérogative lui donne la faculté de disposer, en formant, à son gré, sa majorité.

Le vice du raisonnement de ceux qui veulent faire considérer la Chambre des pairs, comme *représentant la nation*, vient de l'*exemple de l'Angleterre* et *d'anciens souvenirs* du pouvoir des corps privilégiés en France.

En Angleterre, les pairs sont *puissans individuellement*, par l'immensité de leur fortune, par les nombreux cliens que leur attachent leurs propriétés, par le souvenir de ce qu'ils ont fait, *les armes à la main*, pour établir les libertés nationales : rien de semblable n'existe en France ; et sous ce rapport, les pairies des deux pays, ainsi que nous l'avons dit, n'ont aucun point de comparaison.

Quant aux corps privilégiés de l'ancienne monarchie française, *le clergé, la noblesse, les parlemens ;* ils jouissaient aussi, comme les pairs d'Angleterre, d'une puissance qui pouvait, dans certains cas, *lutter*, avec avantage, *contre l'autorité royale ;* mais elle était presque toujours *vexatoire* pour la masse du peuple : *cette puissance était réelle* et appuyée sur d'immenses richesses, sur le nombre, sur des *droits anciens*, quelquefois contestés, à la vérité, mais cependant, jusqu'à un certain point, reconnus et *mis en action dans des momens difficiles !* Tout cet échafaudage de la puissance féodale n'existe plus que dans des souvenirs ; et *la Charte ne l'a pas transmise à la Chambre des pairs :* elle ne le pouvait, sans détruire son propre ouvrage, sans manquer son but, l'établissement de la liberté, de l'égalité de tous devant la loi ; le solide fondement du trône constitutionnel !

Si la Chambre des pairs avait succédé au pouvoir des anciens corps privilégiés, elle aurait été investie d'une *puissance coactive*, qui eût bientôt envahi celle de la nation et celle du Monarque, par *sa seule force d'inertie*, et, au besoin, par une *opposition menaçante !* C'est pour éviter l'une et l'autre, que la Charte a fait rentrer tous les individus des anciennes classes privilégiées dans *la masse du peuple*, et qu'elle n'a fait, de la pairie, qu'un corps de *suprême magistrature*, sans autre pouvoir que celui qui est nécessairement attaché à une haute considération ; sans *autre puissance réelle* que celle qu'elle peut *emprunter du Roi*.

Et en effet, quelle *puissance coactive* pourraient avoir en France, *quelques centaines d'individus*, ou de familles isolées, qui ne doivent leur élévation qu'à la bienveillance particulière du Monarque ; dont les fortunes sont inférieures à celles d'un grand nombre d'autres citoyens ; dont les noms sont souvent éclipsés par ceux d'une foule de nobles, peu disposés à reconnaître en eux d'autre supériorité que celle de leur magistrature ; qui peuvent exciter l'émulation, la reconnaissance, peut-être même l'envie, *mais jamais la crainte ;* qui enfin ne peuvent jamais avoir une assez grande prépondérance dans l'Etat, pour devenir dangereux ?

Ce serait donc bien faussement qu'on tenterait de comparer

ce corps, pour *sa puissance réelle et indépendante*, soit à la pairie d'Angleterre, soit aux anciens corps privilégiés de la France elle-même ; *il n'y a point de parité.*

Si l'on introduisait aujourd'hui, dans la pairie en France, *la majeure partie* de l'ancienne aristocratie et celle qui s'en est rapprochée depuis, par ses titres et ses richesses, on parviendrait à lui donner, peut-être, une *puissance réelle et indépendante*, qu'elle pourrait acquérir par le nombre et par la fortune de ses membres ; mais ce ne serait qu'*aux dépens de l'autorité royale*, qui aurait bientôt alors à lutter contre ses prétentions, sans pouvoir les détruire autrement qu'en appelant la Chambre des députés, et avec elle la masse de la nation, à son secours ; en introduisant dans cette Chambre rebelle, *si elle en avait encore la puissance*, une majorité d'une opinion entièrement opposée à celle qui ferait ainsi courir des dangers à l'Etat ; dès-lors elle redeviendrait ce qu'elle est aujourd'hui, ce qu'elle doit être réellement dans notre régime constitutionnel : *un pouvoir médiateur, sans force coactive quelconque.*

Cette Chambre aurait donc une bien fausse idée de ses attributions et du rôle qu'elle doit jouer dans notre système constitutionnel, si elle pensait pouvoir se mettre à la place de *l'ancienne aristocratie nobiliaire*, et devoir en *soutenir les intérêts* ; c'est *contre ces intérêts*, précisément, qui étaient directement opposés à ceux de la nation, que la révolution a été faite, et que la Charte a été établie ; c'est *pour s'opposer* à ces mêmes intérêts nobiliaires, et *non pour les protéger*, qu'existe *la Chambre des pairs, telle qu'elle est constituée ;* ce serait donc une véritable monstruosité que de la voir s'y associer.

La Chambre des pairs est, à la vérité, la *partie aristocratique* de notre Gouvernement constitutionnel ; mais *cette aristocratie n'a aucun rapport quelconque avec l'ancienne :* l'aristocratie constitutionnelle réside *toute entière* dans cette Chambre, sans qu'il lui soit permis de chercher *aucune alliance au dehors*, pas même dans d'anciens souvenirs ; tous les individus, qui ne font pas *partie intégrante* de la Chambre des pairs , *sont peuple* , quels que soient d'ailleurs leurs richesses, leurs titres et leur naissance !

C'est une *magistrature unique*, hors de laquelle il n'y a plus que des citoyens égaux devant la loi , *sans préroga-tives*, *sans priviléges*, sans espoir d'en obtenir jamais, qu'en devenant soi-même membre de la Chambre des pairs !

L'alliance de cette Chambre avec l'ancienne aristocratie nobiliaire , serait donc une véritable forfaiture , puisqu'elle ne pourrait tendre qu'à ressusciter des *priviléges proscrits par la Charte* , *qu'elle est chargée de maintenir ;* priviléges , on ne doit pas se lasser de le répéter , qui ont été la cause de la révolution , et qui pourraient en amener une autre plus terrible encore que la première , si l'on tentait de les rétablir.

La très-grande différence, qui existe et existera toujours entre la pairie de France et celle d'Angleterre , qui a puis-samment contribué à fonder la liberté dans ce pays, doit éloigner toute idée d'en copier *certaines institutions*, telle que celle de *l'immutabilité des propriétés foncières* attachées à la pairie : *les majorats.*

Cette immutabilité n'est nécessaire, en Angleterre , qu'à cause de *l'hérédité* et du crédit qu'on a voulu attacher à la personne et à la famille de chacun des pairs , qui, par ce moyen , font une *puissance indépendante* dans l'Etat. Mais, en France, où la pairie ne doit et ne peut être qu'une *sim-ple magistrature ;* où les pairs ne doivent et ne peuvent être forts que de la seule considération personnelle qui environne chacun de ses membres, ces institutions doivent être très-différentes.

Pour y asseoir, par exemple, la considération de la pairie, sur la fortune , il faudrait qu'on établît en faveur de ses membres, des majorats considérables ; et l'état actuel des fortunes, en France, *n'en laisse pas la possibilité : de miséra-bles majorats* , comme ceux qui s'y établissent, ne peuvent donner *ni consistance* , *ni clientelle suffisante*, comme en

Angleterre ; il n'en resterait donc que l'abus, sans aucun des avantages qu'on en espérerait! Mieux vaudrait que les pairs fussent payés, comme tous les autres magistrats, par la nation, que d'exiger d'eux des majorats qui ne sont guère que le gage qu'ils ne tomberont pas *dans la misère;* mais mieux vaudrait encore qu'il n'y eût plus de pairs héréditaires, et qu'il n'en fût plus, dorénavant, *nommé qu'à vie.* Des pairs ainsi choisis, jouiraient, à peu près, tous, d'une *fortune personnelle*, soit foncière soit viagère, puisqu'ils seraient nécessairement choisis parmi des hommes qui se seraient acquis une grande réputation, et qui, dès-lors, jouiraient très-probablement, soit à titre de récompenses, soit des fruits de leur travail et de leur industrie, de revenus *suffisans et indépendans* : dans tous les cas, en accordant un *traitement national* à cette haute magistrature, ce traitement serait utilement employé à récompenser de grands services rendus dans tous les genres, et aurait ainsi un *double but :* tandis qu'un semblable traitement ne serait qu'*abusif et ridicule*, s'il s'appliquait à des pairs héréditaires, qui n'en auraient rendu aucuns. Tout concourt donc à n'avoir, *en France, que des pairs à vie.*

On en sera bien mieux convaincu encore, en examinant quel serait le déplorable résultat de l'établissement des *majorats* en France.

Ils diviseraient les propriétés territoriales en deux classes; celles qui seraient inaliénables, et celles qui ne le seraient pas : de cette manière, on ressusciterait, sous un autre nom, *les terres féodales*, dont bientôt toute la France serait couverte : ces terres deviendraient nécessairement *privilégiées*, en ce que payant, dans la supposition même la plus favorable, les contributions annuelles, elles seraient exemptes de celles assises sur les *mutations de propriétés;* ce seraient donc réellement des *terres nobles ?*

L'industrie, le commerce et surtout le *trésor public*, y perdraient considérablement : en vain, pour l'en dédommager, soumettrait-on ces terres à payer un droit, tous les dix

ou vingt ans plus ou moins ,pour tenir lieu de celui de muta-
tion ; ce nouveau droit deviendrait bientôt illusoire et serait
aboli, en ce qu'on ne manquerait pas de faire valoir, avant
peu, la difficulté, sinon *l'impossibilité de le recouvrer, sans
attaquer ces mêmes capitaux* qu'on aurait voulu *rendre inaliénables :* car, comment pourrait-on espérer de faire payer
des droits aussi considérables *sur les seuls revenus supposés
nécessaires* pour la représentation de la pairie? Tout serait
donc en perte pour l'État !

Mais un plus grand inconvénient encore , serait de changer entièrement, pour le possesseur de majorats, la *legis-
lation commune*; d'attribuer *à un seul*, ce qui doit *légale-
ment* appartenir *à tous ;* de réduire *à la misère* une famille
entière , pour faire nager un de ses membres dans l'opu-
lence! Encore , si c'était le plus digne! Mais comme le hasard en disposerait, par la primogénéité, il est à croire
qu'il en serait rarement ainsi.

Tout concourt donc à faire rejeter l'établissement des
majorats : l'intérêt public, celui particulier du trésor , celui des familles , la moralité ; *l'homogénéité nécessaire des
lois de partages et de successions; l'intérêt des créanciers* à
qui on soustrairait leurs gages , ce qui rendrait , sous ce
rapport, la condition des possesseurs de majorats , pire
que celle de tous les autres citoyens, en ce qu'on serait toujours contre eux , dans une perpétuelle *défiance , outrageante* il est vrai, mais inévitable parce qu'elle serait dans
la nature même des choses !

Ces établissemens de *majorats* assureraient-ils bien d'ailleurs la représentation qu'on jugerait nécessaire à la pairie,
et pour laquelle ils auraient été créés? Des pères tendrement
attachés *à tous leurs enfans*, n'ayant d'autre fortune que
ces majorats, ne seraient-ils pas naturellement disposés à
en économiser les revenus, pour assurer, par la suite,
la subsistance de ceux qu'ils sauraient ne devoir pas y
participer après eux ? Le but pour lequel ils auraient été
établis serait ainsi totalement *manqué* ; et il ne resterait

de ce bizarre et *immoral établissement*, que les maux réels qu'il aurait amenés et qu'il perpétuerait !

Ces maux seraient affaiblis, quoique non détruits, à beaucoup près, en entier, en établissant les *majorats sur les effets publics*, au lieu de les établir *sur le sol :* le commerce, l'industrie, l'agriculture, les revenus publics n'en seraient du moins pas altérés ; les terres ne deviendraient pas *esclaves*, il n'y en aurait plus de *nobles et de non nobles ;* l'arbre de la féodalité ne repousserait pas des rejetons de ses vieilles racines !.... ce serait un moindre mal quoique encore très-grand.

Le véritable moyen de les éviter tous serait de ne *nommer que des pairs à vie*, et *jamais* aucun d'*héréditaires.*

Nous avons vu combien d'autres avantages résulteraient de cette mesure, sage à la fois et conservatrice des intérêts du trône et de la nation : la Charte en laisse la faculté au Roi ; en 1814, il n'avait nommé que des pairs à vie !

Mais, si, continuant à nommer des *pairs héréditaires*, on maintient le parti qui semble être pris d'établir, pour eux, des *majorats*, afin de leur assurer, pour tous les temps, une *certaine représentation*, ne proposera-t-on pas bientôt d'en établir aussi, *pour les nobles, les hommes titrés*, afin de soutenir *dignement* l'éclat de *leur noblesse et de leurs titres ?* N'y en a-t-il pas même déjà d'autorisés de ce genre, sans qu'ils l'aient été par aucune loi, et même contre l'esprit et le texte précis des lois ? Ou prendrait-on pour lois, sur cette matière, les décrets du despotisme impérial ?

La France serait ainsi bientôt couverte de majorats, de *terres inaliénables :* bientôt il n'y aurait plus que des *terres nobles* et des terres *roturières !* Et encore quelque temps, il n'y aurait plus, comme aux *beaux temps de la féodalité*, de *terres sans seigneurs !* Aucuns biens-fonds ne seraient plus dans le commerce, que lorsque telle ou telle famille viendrait à *s'éteindre !* Le sol entier de la France appartiendrait bientôt à ces *familles privilégiées*, dans un pays où la Charte proscrit tous les priviléges ! Bientôt il ne resterait plus de terres pour ceux mêmes à qui le privilége de ces majorats pourrait être accordé , par la suite , *même pour les pairs* dont le Roi peut augmenter le nombre *à volonté!* Bientôt aussi, par une *conséquence rigoureuse*, ces privilégiés seraient *seuls électeurs et éligibles*, en attendant que, faisant disparaître de la Charte la condition onéreuse de l'impôt de 300 fr. et de 1000 fr., ces *privilégiés*, *seuls législateurs*, supprimassent tous les impôts sur les terres , en déclarant que la *seule condition de propriétaire*, sans égard à l'impôt, rendrait susceptible *d'élire et d'être élu.*

C'est ainsi que l'établissement des *majorats* pourrait renverser avant peu , et renverserait infailliblement, toutes les libertés de la nation , toutes les garanties de la Charte!

Les conséquences, dira-t-on, en sont *éloignées ;* mais la Charte est faite pour les siècles, et si vous permettez qu'il y soit touché en un *seul* point , surtout en un point aussi essentiel, cette Charte n'est plus qu'un *vain nom :* elle devient aussi insignifiante que le papier sur lequel elle est écrite! Le peuple, envers qui on aura violé ce pacte sacré , rentrant dans tous ses droits, il pourrait en résulter une *nouvelle révolution* !

Si l'on veut se mettre à l'abri de ce malheur , que la Charte soit religieusement respectée ; que , sous prétexte d'une *convenance imaginaire*, on n'altère pas ses principes les plus purs! *Principiis obsta.*

Si une digue, qui est exposée à la fureur des flots, n'est pas soigneusement surveillée; si , par négligence ou autrement, on ne répare pas les plus petites brèches , les plus légères infiltrations, bientôt elle sera emportée par le torrent, et tout le pays qu'elle protégeait sera livré à la dévastation et à la mort ! Les effets moraux ne sont ni moins assurés ni moins violens que ceux de la nature.

On affaiblirait , sans doute, ces désastreux effets , en se bornant à n'autoriser les majorats que pour *la pairie ;* mais comment s'arrêter sur la pente des abus? Comment, puisque la Charte a reconnu la *noblesse*, lui refuserait-on ce qui aurait été accordé aux pairs, pour en soutenir l'éclat; lorsqu'un grand nombre de ces nobles auraient la prétention d'être de familles bien plus illustres que la plupart des pairs ! En vain objecterait-on que ce serait seulement pour soutenir *l'éclat de la magistrature de la pairie*, et non celui de certaines familles. Il serait beaucoup moins dangereux, ainsi que nous l'avons dit, et même *moins à charge à l'État* de lui assurer un traitement, si l'on regardait comme *indispensable*, que les pairs eussent une certaine représentation; représentation toutefois qui serait *entièrement inutile*, s'ils n'étaient nommés *qu'à vie*, parce que leur considération ne serait point alors appuyée sur leur fortune; elle aurait une base bien plus solide. Mais si l'on persiste à vouloir qu'il soit nécessaire d'être *grand propriétaire*, d'être *riche* pour faire partie de cette haute magistrature, pourquoi n'en ferait-on pas déchoir ceux à qui cette brillante fortune échapperait? Il y aurait beaucoup moins d'inconvéniens dans cette mesure, sous tous les rapports, qu'à leur créer des majorats. Ils se trouveraient alors dans le même cas que les *électeurs* et les *éligibles*, qui perdent ces facultés en perdant leurs richesses : créera-t-on aussi des majorats en faveur de ceux-ci? Faudra-t-il établir en principe, que toute famille riche doit toujours rester telle; et que conséquemment celles qui sont pauvres le resteront éternellement, malgré leur travail et leur industrie? Allons-nous diviser la France en *castes indiennes ?* Ce serait l'effet inévitable, quoique tardif, de la création des majorats.

En supposant à la *noblesse* l'origine la plus honorable, celle de grands services rendus à l'État ; cette noblesse a eu un commencement ; de grands services peuvent encore être rendus par d'autres qui la mériteraient au même titre : comment leur fera-t-on franchir les limites posées entre les castes, s'il y en a une qui devienne *seule propriétaire*, lors-

que les autres seront toutes rangées parmi les *prolétaires?*
S'il y a un moyen de les leur faire franchir, pourquoi n'y
en aurait-il pas de même pour faire descendre ceux qui ne
jouiraient plus des avantages qui auraient élevé leurs an-
cêtres , lorsque sans fortune, ils n'auront rendu personnellement aucun service? Quoi! Lorsqu'un individu aura été
assez heureux pour en rendre , et qu'il en aura été récom-
pensé , il faudra qu'*éternellement* ses descendans aient part
à cette récompense, quelle que soit d'ailleurs leur conduite ,
quelquefois même leur turpitude ? N'est-ce pas le renversement de toutes les idées d'ordre et de bienséance chez une
nation qui jouit de sa liberté ?

Que sera - ce donc si cette *noblesse* a été *achetée à
prix d'argent* , au prix de quelque bassesse? Et ce serait
une semblable caste qu'il faudrait perpétuer toujours riche
et puissante par des *majorats*, aux dépens de toute une
nation laborieuse , industrieuse , guerrière!.... Ce serait
le comble de l'imprévoyance ; et , il faut le dire franchement, de la démence.

Ce n'a pu être que dans un temps de barbarie qu'un semblable système a pu prévaloir, et les peuples sont trop
éclairés aujourd'hui , pour qu'il puisse subsister encore
long-temps. Il a perdu la république romaine, qui s'est
opiniâtrée à le conserver , malgré son origine, celle de
chefs de brigands!

Mais quelle est donc celle de la noblesse d'aujourd'hui?
La plus ancienne passe pour la meilleure; c'est celle qui,
dit-on, se perd dans la nuit des temps! Mais il semble, au
contraire, que, pour être conséquent, ce devrait être celle
dont on connaît l'origine qui devrait être considérée comme
la meilleure, lorsque *cette origine est honorable*. En effet, la
supposition la plus avantageuse à l'ancienne noblesse, c'est
qu'elle ait été originairement le prix de services rendus ;
mais cela est au moins *incertain*, au lieu qu'il y a *certitude*,
lorsque son origine est connue.

S'il était nécessaire, pour perpétuer la noblesse dans une famille, qu'à chaque génération chacun des chefs de cette famille eût rendu d'éminens services, comme l'ancêtre qui l'a acquise, on conçoit comment cette suite de belles actions et de services rendus pourraient illustrer de plus en plus une noblesse ancienne ; mais ce n'est jamais de services dont il est question. On ne parle que *d'ancienneté*, sans jamais parler de services : il semble même que plus cette noblesse est ancienne, plus elle se croit dispensée d'en rendre ; qu'elle se croit faite, au contraire, pour en exiger des autres et pour jouir.

Nous sommes donc très-fermement convaincus que plus l'origine de la noblesse se perd dans la nuit des temps, moins elle mérite de considération, à moins qu'elle n'ait été fréquemment renouvelée par d'éclatans services ; car celle qui ne pourrait en prouver, pourrait laisser soupçonner qu'elle a été envahie par la violence, ou par d'autres moyens qu'on oserait moins avouer encore , comme nous en avons vu des exemples de nos jours. Et d'ailleurs , plus la génération existante se rapproche du chef qui lui a mérité la noblesse pour services rendus , plus elle paraît devoir y participer , comme les parties de la terre les plus rapprochées du soleil participent le plus à sa chaleur bienfaisante.

Mais, en mettant fort au-dessus de l'ancienne noblesse celle dont l'origine est connue et a une source honorable , nous nous garderons bien de la confondre avec celle *achetée à prix d'argent*, ou qui a une origine qui n'est pas plus recommandable. Eh ! de combien de semblables nobles l'Europe n'est - elle point inondée aujourd'hui, particulièrement la France ? Combien peu de familles nobles actuellement, pourraient faire remonter leur origine jusqu'à un ancêtre qui aurait rendu *d'éclatans services*, comme ceux que l'on jugerait *nécessaires aujourd'hui pour y parvenir*, si l'on exigeait à présent de telles preuves, tant dans l'ancienne que dans la moderne ? Quand on songe combien il était facile d'acquérir la noblesse avant la révolution, à *la foule de charges*, avilies par le nom de *savonettes*, qui la conféraient pour quelque argent, *argent qui rentrait à la suite de quelques années*, souvent avec usure, l'on est presque étonné que tous ceux qui avaient quelque aisance ne fussent pas nobles. Cela ne peut s'expliquer que par le peu de cas qu'on faisait de *la noblesse* ainsi acquise, et qui n'eût été que ridicule, si le gouvernement n'eût pas exigé la vaine qualité de *noble* pour remplir une *foule d'emplois*, qui l'eussent cependant beaucoup mieux été souvent par des hommes qui ne l'étaient pas. Ainsi, par exemple, on exigeait que l'on fût *noble pour être membre d'un Parlement ;* et très-certainement, une très-grande quantité d'hommes de lois, qui ne l'étaient pas, et qui faisaient l'honneur du barreau, en auraient mieux rempli les fonctions que la plupart de ceux qui l'étaient. Les premières lettres de noblesse accordées aux Parlemens ne remontent qu'à 1644 ; et certes, ce n'est pas depuis cette époque qu'ont eu lieu les faits les plus éclatans et les plus glorieux de ces grands corps de magistrature ! Examinez quelle bizarrerie ! Les *anciens* tribunaux avaient été composés de *clercs*, c'est-à-dire, de gens *instruits et non nobles*, pour suppléer aux nobles, qui se prétendaient *titulaires*, mais qui, dans la plus crasse ignorance (1), ne pouvaient remplir eux-mêmes leurs fonctions ; puis quelques siècles après, on a *substitué desnobles aux clercs*, c'est-à-dire, souvent l'ignorance et la présomption au savoir et à l'expérience.

Les guerres de la révolution ont appris s'il n'y avait que des nobles qui sussent commander des armées !

Le gouvernement cependant ne voulait alors rien accorder qu'aux nobles ; ni places, ni honneurs, ni pouvoirs : il fallait que ceux qui avaient l'ambition de servir leur pays

______

(1) On déclarait alors, dans les actes publics, qu'on ne savait signer, *attendu sa qualité de gentilhomme !*

surmontassent leur répugnance ; d'autres, par vanité, sui-
vaient le torrent, pour se tirer de la foule.

Telle est l'origine de *la plus grande partie de la noblesse*
dont nous sommes inondés aujourd'hui ; il faut avouer
qu'elle ne lui a jamais donné et ne pouvait pas lui donner
beaucoup de lustre ; seule, dans toute la nation, elle paraît
l'avoir oublié, puisqu'elle demande aujourd'hui *à la régen-
ter ;* à ce qu'on crée en sa faveur *des majorats*, pour éterniser cette origine : mais auparavant, il faudrait, au moins,
vérifier les titres de chacun de ceux qui prétendent à cet
insigne honneur : combien y en aurait-il alors qui se trouveraient trop heureux de les abandonner sans provoquer un
pareil examen !

La noblesse ancienne, dit la Charte, *reprend ses titres ; la
nouvelle conserve les siens.* Mais qu'est-ce que *la nouvelle noblesse ?* Qu'est-ce que *l'ancienne ?* Celle-ci comprend-elle tout ce
qui existe *depuis l'entrée des Francs dans les Gaules, jusqu'aux
anoblis en* 1788 ? La nouvelle n'est-elle que celle créée par
Bonaparte ? Si cela est, et c'est ainsi qu'on a paru l'entendre
depuis la Charte, il n'y a donc plus de différence entre les
nobles du temps de *Clovis* et ceux du temps de *Calonne ?*
entre les descendans des conquérans et ceux de leurs affran-
chis ? Il faut avouer que jusqu'à cette époque, ce n'était pas
l'idée qu'on s'était faite de *l'ancienne* et de *la nouvelle noblesse.*

Eh quoi ! La noblesse que l'on appelle *aujourd'hui nouvelle*, qui a été acquise sur les champs de bataille, ou par
d'autres services éclatans, ne se trouverait placée là, que
pour donner enfin quelque lustre à celle, qu'avant la révolution, ceux mêmes qui consentent à l'adopter aujourd'hui,
auraient rougi d'admettre dans leurs rangs ! (1) *Les nobles*

------

(1) L'on connaît le propos de ce grand seigneur qui, se trouvant dans
une société brillante, dit, en souriant de pitié, à un de ses amis : *En vérité, mon cousin, je suis honteux de me trouver ici, où il n'y a que vous
et moi de gentilshommes !*

même *créés depuis la Charte*, deviendraient, sur-le-champ, *anciens*, par opposition à ceux déclarés *nouveaux* par cette Charte !

Dans quel ridicule dédale nous jettent toutes ces puériles distinctions ! Elles sont cependant, jusqu'à un certain point, instructives : elles nous apprennent que les *nobles de la conquête*, ces nobles si fiers, qui prétendent que l'origine de leur noblesse se perd dans la nuit des temps, renoncent enfin à leurs *droits de vainqueurs*, pour élever jusqu'à eux leurs anciens esclaves ; ou plutôt pour s'abaisser jusqu'à prendre modestement place dans leur phalange *beaucoup plus nombreuse*.

La conséquence naturelle de toute cette discussion, est que *la nouvelle noblesse* est aujourd'hui bien supérieure à *l'ancienne*. Elle est fondée sur des *services réels et connus*; lorsque *l'ancienne, pour la plupart*, ne l'est que sur quelques *sacs de monnaie*, ou sur des services au moins contestés, ou non renouvelés, comme ils auraient dû l'être, pour en conserver les prérogatives.

Dans l'ancienne monarchie, *les bénéfices*, pour services rendus à l'État, *ne se conféraient qu'à vie ;* l'on sentait, dès cette époque, qu'ils ne pouvaient être mérités que par des *services réels ;* on ne regardait donc point alors comme *nobles* ceux qui n'en avaient pas rendu *personnellement*. Il serait bien temps que nous en revinssions à ces premiers élémens du bon sens; et que nous ne consacrions pas comme lois, des usurpations trop évidentes, restes barbares du régime féodal.

Sous ce régime, au moins, on était conséquent; tous étaient *nobles ou esclaves*; les nobles étaient les *magistrats-nés*, si toutefois ce n'est pas avilir le titre de *magistrat*, que de le donner à des *maîtres*, usurpateurs de la puissance publique. Mais aujourd'hui, que sont les nobles qui ne font point partie de la magistrature de la pairie? Quels sont leurs droits, leurs fonctions, leurs richesses, leur industrie, autres que ceux de tous les autres citoyens? Pourquoi en sont-ils donc distingués? Aussi, un noble député, intelligible cette fois, conséquent à son système et fidèle à sa caste, prétend-il que, puisqu'il y a une *noblesse* en France, c'est à elle à posséder *tous les hauts emplois* du gouvernement : malheureusement, on peut opposer à une aussi *belle découverte*, *la Charte*, qui veut que TOUS soient également admissibles aux emplois, c'est-à-dire, qu'ils soient donnés *au mérite*, *aux services et aux talens*, sans acception de naissance. S'il pense que *l'on peut reformer la Charte*, ne sera-t-il pas bien plus convenable et plus facile de la réformer, *en supprimant la noblesse et les titres*, comme avait fait l'Assemblée constituante ? Alors s'évanouiraient toutes les *prétentions ridicules et surannées ;* et la *monarchie constitutionnelle* se trouverait établie sur des bases immuables, *l'intérêt général*, continuellement traversé aujourd'hui, par une foule d'intérêts particuliers.

Le gouvernement monarchique a cela de commun avec le gouvernement républicain, que, pour être bien organisés l'un et l'autre, tous les citoyens ne doivent y jouir que des mêmes droits, à l'exception du *monarque seul*, qui, comme magistrat héréditaire, en a de particuliers ; que la monarchie soit arbitraire comme en Orient, ou constitutionnelle comme en France, c'est le même principe : tous doivent être égaux, soit devant la loi, soit sous l'épée du despotisme; toute *caste* intermédiaire ne peut qu'affaiblir l'effet de l'un et de l'autre, nuire à l'autorité du despote ou à celle de la loi. Ce principe n'admet pas même d'exception pour les *républiques aristocratiques ;* il ne peut y avoir de corps intermédiaire entre l'aristocratie, *si elle est souveraine*, et le peuple : toute autre combinaison ne pourrait qu'amener des déchiremens, et n'en a amené que trop souvent.

A Florence, qui fut république pendant plusieurs siècles avant les Médicis, on voulut bien continuer à reconnaître *des nobles ;* mais ils y étaient réduits à peu près à l'état d'*ilotes* ; ils ne pouvaient posséder *aucune espèce de magis-trature*. On avait pensé que cette manière de les contenir serait beaucoup plus efficace que la suppression même de la noblesse, qui avait la ridicule prétention de conserver un *caractère indélébile* ; prétention que n'a point abandon-née la noblesse européenne actuelle, celle au moins qui pré-tend cacher son origine dans la nuit de temps, comme si cette espèce d'hommes était d'une nature différente des au-tres ! Qu'y a-t-il en effet d'absurde que ne puisse persuader l'orgueil transmis de générations en générations ? Le *grand Alexandre* n'avait-il pas la petitesse de se croire *fils de Jupiter, et dieu lui-même ?* Mais que font de folles préten-tions contre des lois positives et l'esprit public d'une nation ? Tout au plus pourrait-on les comparer à celles d'une femme surannée et décrépite qui prétendrait encore aux agrémens de la jeunesse et de la beauté ; le ridicule en aurait bientôt fait justice.

Concluons donc que rien n'est plus incohérent que l'*exis-tence simultanée de la pairie héréditaire et de la noblesse en France* ; que jamais la pairie n'y prendra de consistance, qu'autant que les pairs ne seront plus nommés qu'*à vie*, parmi les citoyens les plus recommandables par leurs talens et leurs services ; qu'alors ils n'auront pas besoin d'autre éclat pour être constamment environnés de la confiance de la nation ; et que conséquemment les *majorats* leur devien-dront inutiles ; qu'ils seront beaucoup plus *indépendans* que s'ils étaient héréditaires ; qu'alors leurs prétentions ne pour-ront jamais faire courir le danger, à la nation ni au trône, de voir le gouvernement *monarchique constitutionnel* dégé-nérer en *oligarchie*, en se réunissant à l'*ancienne aristo-cratie nobiliaire* ; que cette haute magistrature deviendra alors le but honorable auquel tendront tous les hommes de mérite dans toutes les classes, au lieu de devenir le patri-moine de certaines familles ; qu'alors le Roi pourra récompenser dignement tous les grands services, et donner ainsi la plus forte impulsion à tous les genres de talens.

Concluons aussi, qu'en laissant subsister la *noblesse héréditaire*, telle que la reconnaît la Charte, elle ne doit jamais être autorisée à sortir de *la loi commune :* espérons que, sentant enfin, bientôt, la puérile vanité et le danger de ses titres, elle demandera elle-même, à en faire le sacrifice sur l'autel de la patrie, comme elle le fit en 1791.

C'est alors que toute la France, réunie dans un même esprit, pour un même but, celui du bonheur et de la prospérité de la nation, de la dignité et de la grandeur du trône, elle ne formera plus qu'une seule famille, un seul faisceau qu'aucune tempête ne pourra jamais ébranler.

----

www.ingramcontent.com/pod-product-compliance
Lightning Source LLC
Chambersburg PA
CBHW061247050726
47594CB00004B/1396